AF305857

Edmond DUTHOIT

ARCHITECTE

1837 — 1889

AMIENS

64, rue des Trois-Cailloux et galerie du Commerce, 10

—

1890

Edmond DUTHOIT

ARCHITECTE

Ecrites il y a bientôt un an les lignes
qui suivent n'ont pas été dès lors livrées
à la publicité. On a pensé qu'après l'una-
nime explosion de regrets provoqués par la
perte de M. Duthoit et dont tous les
journaux de Picardie s'étaient faits l'écho,
elles couraient le risque de paraître bana-
les et le sentiment qui les a dictées exagé-
ré ; il a semblé à leur auteur qu'en retar-
dant leur publication il leur conservait

un caractère plus intime, et que n'étant plus lui-même sous l'impression immédiate de ses regrets, il se sentirait plus de liberté et plus d'impartialité pour retracer cette existence si laborieusement remplie et si cruellement brisée. On a pensé encore que, même après la notice si émue consacrée au souvenir de M. Duthoit par M. le Doyen d'Albert qui dans ces dernières années avait été à même de l'apprécier mieux que personne, il convenait d'étudier d'une façon plus spéciale le talent de l'artiste, les sources où il l'avait puisé et la manière dont il l'avait développé, comme aussi de mettre en évidence les qualités de l'homme qu'une longue intimité a permis d'apprécier.

Né à Amiens en 1837, Ed. Duthoit était le fils d'Aimé Duthoit et le neveu de Louis Duthoit, ces modestes et laborieux sculpteurs que Viollet-le Duc se plaisait

à appeler « les derniers des Imagiers ».
Issu d'une telle famille, il semble tout
naturel que l'enfant fût lui-même un artiste.
L'heure de sa naissance correspondait d'ailleurs à un réveil du goût et de la curiosité
pour les arts du Moyen-Age. Ceux-ci, en
effet, venaient de sortir du discrédit dans
lequel ils étaient tombés pendant les deux
siècles précédents, un mouvement d'admiration entraînait les esprits vers les œuvres
de ces artistes anonymes qui avaient possédé
à un si haut degré le sentiment du vrai et
et l'avaient exprimé avec une simplicité
parfois naïve et une franchise bien autre-
ment sincère que celle des naturalistes de
nos jours. On se plaisait à reproduire leurs
œuvres et à les imiter, avec plus de bonne
volonté toutefois que de vérité; l'enseigne-
ment des arts de cette période de notre
histoire n'existait pas alors et les livres en
exposant les principes étaient rares, et

conçus dans un esprit faux plus propre à en dénaturer le caractère qu'à le pénétrer.

Les frères Duthoit, on peut le dire, furent en avance sur leur temps ; sans autre direction que celle de leur père, sculpteur lui-même, et qu'ils perdirent dès leur extrême jeunesse, sans autre école que la Cathédrale de leur ville qu'ils connurent par cœur, qu'ils dessinèrent sous tous ses aspects, ils parvinrent à s'assimiler le sentiment de l'art gothique et le faire des sculpteurs de cette époque d'une façon telle que les restaurations exécutées par eux se confondent aujourd'hui avec les parties originales de l'édifice.

Si passionnée cependant que fût leur admiration pour les œuvres du Moyen-Age elle n'était pas exclusive ; les décorations de tous genres et de tous styles exécutées par Aimé Duthoit et les figures si variées laissées par son frère témoignent de leur facilité

à comprendre le beau sous quelque forme
qu'il se présentât (1).

Un tel milieu ne pouvait que développer
les heureuses dispositions d'E. Duthoit et
loin de les combattre, son père et son oncle
se plurent à les diriger et à les parfaire.
Après avoir fait chez les Jésuites de solides
études classsiques, dont il aimait à se souvenir et auxquelles il n'hésitait pas à attri-

---

(1) L'œuvre scupturale de Louis Dhuthoit seule se
compose de douze cents groupes, statues ou bas-reliefs.
En dehors des travaux de leur profession, les frères
Duthoit ont laissé une collection de dessins et de croquis
exécutés par eux et comprenant principalement des vues
des monuments de Picardie et du Nord de la France ne
comprenait pas moins de 14,000 pièces. Par une généreuse disposition des deux frères cette collection unique
doit faire retour à la Ville d'Amiens après le décès des
survivants actuels de la famille Duthoit.

En donnant à l'une de ses nouvelles rues le nom des
frères Duthoit, la Ville d'Amiens n'a fait qu'acquitter une
dette de reconnaissance.

buer le développement de son goût, il fut confié à M. Viollet le Duc qui dirigeait alors les travaux de restauration de la Cathédrale d'Amiens et qui, appréciant les mérites et le talent des frères Duthoit, ses collaborateurs, se chargea de l'éducation artistique du jeune homme.

Sous la direction de ce maître habile, ses progrès furent rapides ; appelé à partager ses travaux, à l'accompagner dans ses voyages, puis à le suppléer, ce qui de la part de cet artiste habitué à tout faire par lui-même, dénotait une confiance inusitée, Duthoit acquit une facilité à dessiner et une habileté de main étonnante, et arriva à s'identifier si bien avec les procédés et la manière de faire de son patron, qu'en 1880 à l'exposition des dessins de Viollet le Duc au musée de Cluny, figurèrent plusieurs dessins de l'élève parmi ceux du maître.

En 1861, bien que fort jeune, à peine à

l'âge où tant d'autres s'essaient, il avait déjà fait preuve d'aptitudes telles que sur la recommandation de M. Viollet le Duc qui appréciait son habileté de dessinateur, la sûreté de son goût et de son sens critique, il était choisi pour l'accompagner par M. le Comte de Vogüé qui continuait en Syrie et Phénicie les études commencées par M. Renan. Sans parler des fatigues physiques que comportait ce voyage, la mission de ces Messieurs n'était rien moins qu'aisée ; il s'agissait en effet de faire une triangulation exacte de Jérusalem, de reconnaître et de relever les fortifications de l'époque de Salomon, enfin de chercher à démontrer la filiation de l'architecture Juive avec l'architecture Egyptienne surtout par l'étude des moments funèbres de la vallée de Josaphat. Les épreuves que ce voyage pénible, parfois périlleux, réservait à un si jeune homme, E. Duthoit les surmonta avec une énergie et une bonne humeur qui ne se démentirent jamais ; aussi en rendant justice au talent de son collaborateur, dans la préface de son ouvrage, M. de Vogüé, dont il était resté l'ami, se plaisait à rappeler les qualités personnelles de l'homme et le charme qu'elles avaient ajouté au voyage.

Détourné, en commençant, du but de cette mission, E. Duthoit s'arrêta à Beyrouth et là, utilisant les loisirs que lui laissaient les préparatifs de son départ, il exécuta le projet et les dessins de l'Eglise de l'Orphelinat français et de celle des Capucins, s'inspirant du mode de bâtir du pays et n'employant que les matériaux et les moyens élémentaires dont il disposait, et dont il sut du reste tirer fort bon parti en imprimant à ses constructions un cachet tout particulier. Luimême fit commencer les travaux de ces églises pour lesquelles il avait conservé cette affection spéciale qu'on porte aux premières œuvres, et qu'il lui fut donné plus tard, lors d'un second séjour à Beyrouth, de revoir presqu'achevées, mais dont l'une, hélas! était défigurée par les appendices qu'on avait cru devoir y ajouter pour en corriger la simplicité.

De Beyrouth, E. Duthoit se rendit dans l'île de Chypre qu'il parcourut avec MM. de Vogüé et Waddington et où il demeura quelque temps pour étudier et relever un certain nombre d'édifices. C'est de ce voyage que date la découverte de l'immense vase en pierre d'Amathonte qu'au prix de difficultés presqu'insurmontables il fit depuis enlever et transporter au Musée du Louvre. C'est en majeure partie aussi aux découvertes de cette mission qu'est due la création du Musée Cypriote dont les collections eurent pour base les fragments retrouvés dans les fouilles qu'elle fit pratiquer.

Si absorbé cependant qu'il fût par ces recherches, le jeune architecte, que l'étude des antiquités Phéniciennes laissait assez froid d'ailleurs, sut trouver le temps de dessiner et de relever les monuments élevés dans l'île à l'époque des Croisades. Malheureusement et faute de temps, ces intéressantes études sur Larnaca et Famagouste, et leurs monuments si bien marqués au coin du caractère Français, sont restées à l'état d'esquisses et ne sont guère connues, même du public spécial, que par quelques dessins de l'abbaye de Lapaïs qui plus tard, vers 1877, figurèrent à une exposition de la Société de Géographie.

Lorsqu'à cette même époque la cession de Chypre à l'Angleterre attira sur cette île l'attention publique, MM. de Vogüé et Duthoit conçurent le projet tout d'actualité d'en publier une sorte de monographie à laquelle le journal « Le Tour du Monde » s'offrait avec empressement d'ouvrir ses colonnes ; mais les explorateurs, absorbés l'un par ses fonctions diplomatiques, l'autre par les incessants voyages et les études que nécessitaient ses travaux et les exigences de clients qui tous étaient des amis, ne purent donner suite à leur projet.

De Chypre il suivit à Jérusalem M. le Comte de Vogüé, y étudia avec lui le temple de Jérusalem, et y exécuta la majeure partie des planches qui accompagnent le texte de l'ouvrage de M. de Vogüé (1). Discernant très habilement le caractère de la décoration primitive de la mosquée d'Omar, et la dégageant des adjonctions qui l'ont dénaturée depuis, il en reproduisit les fragments principaux dans des aquarelles achevées, dont plusieurs sont de véritables tours de force d'exécution, et dont le mérite

(1) Le Temple de Jérusalem par le Comte de Vogüé.

s'augmentait des difficultés surmontées pour pénétrer dans le monument difficilement accessible aux Chrétiens. Exposées aux Salons de 1863 et 1864 ces dernières valurent à leur auteur deux médailles successives et signalèrent ses débuts comme ceux d'un artiste d'avenir.

Toujours soucieux aussi de pénétrer le sens de ce qu'il voyait et se souvenant des conseils de M. Viollet le Duc qui lors de son départ lui recommandait de ne rien dessiner dont il ne comprît parfaitement la portée, il remarquait aussi que contrairement à l'opinion reçue, les Arabes avaient emprunté à l'architecture gothique bien plus qu'ils ne lui avaient donné et que leur art était tributaire du nôtre bien plus que celui-ci du leur.

Esprit ouvert, accessible à toutes les formes du beau sous quelque forme qu'elles se produisent, ses études présentes ne lui font jamais oublier celles qu'il a précédemment faites en France des monuments du Moyen-Age, ni l'amour qu'au contact de Viollet Le Duc il leur a voué ; aussi plus tard à Alep, à Kalaas et ailleurs en Syrie le voyons nous mentionner soigneusement dans ses notes, tous les édifices de cette époque et de cette école qu'il rencontre, mieux encore les dessiner, parfois même les mesurer quand le temps le lui permet.

C'est de ce voyage aussi qu'est sorti un ouvrage d'un haut intérêt artistique, bien que trop peu connu des artistes, « La Syrie centrale », dû à la collaboration de MM. de Vogué et Duthoit. Sur le vu de quelques croquis sommaires de M. Waddington qui les avait précédés en Syrie, croquis de monuments d'un style si particulier qu'ils l'attribuaient à l'insuffisance des dessins, MM. de Vogué et Duthoit parcoururent cette partie de la Syrie comprise entre

Antioche, Alep et Beyrouth. Là, dans une région presqu'inhabitée aujourd'hui, mais jadis peuplée et florissante, existe une architecture d'un caractère tout particulier, d'origine chrétienne, aussi curieuse par son mode de construction qu'originale dans son ornementation, et que l'ouvrage de MM. de Vogué et Duthoit révéla au public. Près de deux cents planches nous montrent les édifices les plus importants comme le couvent de Kalat-Seman jusqu'aux tombeaux les plus modestes, jusqu'à la petite maison Syrienne dont on a pu voir une reproduction assez fidèle à l'Exposition du Champ de Mars. Les origines de cette architecture, les circonstances dans lesquelles elle se produisit, et ses caractères, ont été décrits avec une sureté de vue et une précision telles par M. le Comte de Vogué qu'il n'est plus possible de revenir sur ce sujet qui excèderait les bornes et l'esprit de

cette notice. Disons toutefois en passant
que c'est dans cette architecture qu'il faut
aller rechercher le point de départ et les
formes du style dit Byzantin, fort en faveur
aujourd'hui, bien qu'on le connaisse assez
mal et qu'on applique bien improprement
ce nom à des pastiches n'ayant rien de com-
mun avec l'art du Bas-Empire.

Mis en présence de cette architecture
toute nouvelle, de cette sculpture si parti-
culière, E. Duthoit en pénétra admirable-
ment le sens, il en analysa les principes et
les procédés, et ses dessins faits sur les
lieux aussi bien que les restitutions qu'il
en a tentées accusent autant son habileté
de dessinateur que la sureté de son érudition. L'impression qu'elles firent sur lui
fût profonde et à trente années de distance
on la retrouve très marquée dans l'œuvre
de sa maturité, l'Eglise Notre-Dame de
Brebières à Albert qui s'achève actuelle-

ment d'après les dessins laissés par lui.

Cette première mission se termina par un second séjour à Chypre et une courte excursion en Grèce, en Italie et en Sicile. La fatigue du voyage, la quantité considérable de documents qu'il avait déjà réunis ne lui permirent pas de jouir comme il l'aurait voulu de sa visite à Rome. Par contre, il retrouva en Sicile toute son ardeur et son enthousiasme. Messine, Palerme et Monreale avec leurs décorations peintes et leurs mosaïques firent sur lui une impression très vive dont ses lettres font foi, qui, elle aussi resta durable et influa d'une manière décisive, sur sa manière de comprendre le rôle de la décoration dans l'architecture.

De retour à Paris et après deux années passées auprès de Viollet Le Duc dont il était resté l'élève préféré et pour qui il était devenu un collaborateur précieux duquel il ne se séparait qu'à regret, E. Duthoit était de nouveau désigné par le Ministre des Beaux-Arts pour une seconde mission en Asie-Mineure et séjournait plusieurs mois à Assos sur la côte Asiatique du Bosphore, exécutant le relevé de l'enceinte antique de cette ville et d'un temple produit de l'art grec. Interrompu par la présence du choléra qui sévissait alors en Turquie, ce travail ne put être terminé par lui que l'année suivante et au prix de mille difficultés.

Dans ce même voyage il revoyait Rhodes et trouvait pendant le court séjour qu'il y fit le moyen d'exécuter trois grands dessins qui figurèrent au salon de 1869. De là il retournait à Chypre pour y terminer les recherches commencées lors de sa première mission et présider à l'embarquement des objets trouvés dans les fouilles. C'est à cette époque que se place un fait qu'une voix émue a rappelé sur sa tombe mais qui n'a été qu'incomplètement raconté.

Le consul de France à Chypre, M. de Maricourt atteint du choléra fut abandonné de ses serviteurs et du personnel du consulat. A la vue de cette panique, E. Duthoit se présenta chez lui, s'installa à son chevet presque contre son gré, car M. de Maricourt frappé par le fléau pour la troisième fois, ne se faisait pas d'illusion sur son sort, et ne voulait pas accepter le concours d'un dévouement qu'il jugeait inutile et périlleux. Il le soigna avec l'aide d'une sœur de charité, puis n'ayant pu conjurer le mal et arracher M. de Maricourt à la mort il l'ensevelit sans autre assistance que celle de la religieuse. Le consulat restant vacant, E. DUTHOIT ne voulut pas laisser péricliter les intérêts de la France et ceux de ses nationaux, et le géra pendant plusieurs semaines jusqu'à la nomination d'un nouveau titulaire. Pour cet acte de courage charitable et patriotique il fut proposé pour la croix de la légion d'honneur, mais sa trop grande jeunesse le fit écarter et lui-même ne fit aucune démarche pour vaincre cette résistance, estimant, disait-il plus tard, que cette récompense eut dû être partagée avec la pieuse fille de charité qui l'avait assisté, et qu'à tout prendre il espérait bien qu'un jour ou l'autre, l'âge lui étant venu, on ne refuserait plus d'accorder au talent de l'architecte ce qu'on hésitait a donner au dévouement de l'homme privé.

Pendant le cours de son séjour à Constantinople, chargé par le gouvernement Turc de faire le recolement de tout le matériel d'artillerie existant sur la côte du Bosphore, il s'acquitta de cette besogne si différente de ses occupations habituelles avec la conscience qu'il apportait à tout ce qu'il faisait et reçut en retour la croix du Medjijié ; puis cette mission à peine achevée il se hatait de terminer son travail à Assos et de revenir en France.

Bien que d'une réserve extrême en ce qui le concernait et toujours disposé à se reléguer au second plan, Duthoit se plaisait dans l'intimité de la vie et pendant les longues séances de travail à son cabinet à rappeler les souvenirs de ses voyages. Il le faisait avec une simplicité enjouée, n'insistant jamais sur les difficultés qu'il avait rencontrées ni sur les services qu'il avait rendus et reportant toujours le mérite de ses actes sur ses compagnons.

C'est ainsi qu'il racontait sa grave maladie à l'hôpital de Beyrouth, et la témérité avec laquelle, avant même sa convalescence, il s'en échappait pour rejoindre le navire qui devait le rapatrier ; puis son excursion sur le Bosphore escorté d'un colonel turc chargé de l'assister dans le récolement auquel il procédait, et qui envoyé jadis en France à

Saint-Cyr pour y compléter son éducation militaire, avait appris dans notre grande école, toute autre chose que l'art de la guerre ; puis encore la singulière physionomie des malheureux commandants des places qu'ils visitaient et qui ne voyaient dans cette inspection qu'une occasion de réclamer leur solde toujours arriérée.

Rentré en France où le rappelait la réalisation de très chers désirs, E. Duthoit venait peu après se fixer à Amiens, cédant en cela aux sollicitations de sa famille, et n'hésitant pas à lui sacrifier l'avenir brillant et la réputation que son talent lui assurait à Paris. Sa première œuvre, on pourrait presque dire la seule qu'il ait exécutée dans son pays, fut avant tout une bonne œuvre. On était au lendemain des évènements terribles de 1870, d'importants combats s'étaient livrés aux portes d'Amiens et un comité s'était formé dans le but d'en conserver le souvenir et de donner une sépulture convenable aux soldats qui y avaient succombé. Duthoit lui offrit spontanément et à titre gracieux un concours qui fut accepté avec empressement et fit exécuter une série de monuments répondant parfaitement à leur double caractère de monuments commémoratifs et de tombeaux, susceptibles de résister à l'oubli en n'exigeant aucun entretien, modestes comme l'étaient les ressources mises à sa disposition, comme l'avait été le dévouement anonyme des soldats obscurs qu'ils recouvrent.

La vie sédentaire cependant convenait peu à cet esprit actif et curieux toujours en quête d'effets nouveaux ; c'est ce qui le poussa à saisir l'occasion qui s'offrit bientôt à lui, de donner un aliment à sa curiosité et à son goût pour les voyages. Architecte attaché à la Commission des Monuments historiques où son talent de dessinateur et sa science professionnelle étaient fort appréciés, il fut, dès 1872, désigné par le Ministre de l'Instruction publique et des Beaux-Arts pour explorer l'Algérie et présenter un rapport sur les monuments qu'y avait laissés la civilisation Arabe.

Jusque là, en effet, ces monuments avaient été fort délaissés, et à peine avait-on pris garde à leur existence ; il fallut le voyage fortuit d'un architecte attaché lui aussi à la Commission des Monuments historiques qui visitait un de ses parents, militaire en Algérie, pour appeler sur eux l'attention du ministre compétent. Précédemment entretenus par le service des bâtiments civils de l'Algérie ou par le génie militaire, ces malheureux édifices avaient subi des mutilations, même des restaurations souvent plus préjudiciables que l'état d'abandon dans lequel on les avait jadis laissés. Avec son esprit clairvoyant, habile à discerner le caractère des divers styles et à se l'approprier, Duthoit entrevit rapidement la mine nouvelle que lui offrait l'étude de cette architecture, il se passionna pour elle, et en fit désormais l'objet principal de ses études. A partir de ce moment, chaque année, parfois même plusieurs fois par an, il était périodiquement investi d'une mission semblable et séjournait plusieurs mois en Algérie pour y étudier, y relever et y restaurer les monuments confiés à ses soins. Dans cet art étincelant, aux formes capricieuses et compliquées à l'infini, il sut bientôt distinguer et isoler le réseau géométrique servant de base à ces ornements si variés, et établir plusieurs formules générales très simples permettant d'exécuter facilement ces tracés d'apparence si confuse.

Une nouvelle évolution de son talent fut la conséquence de ces nouvelles recherches et l'influence qu'exerça sur lui l'étude de l'art arabe devient très sensible dans ses dernières productions.

Plus tard, il fut appelé à faire pour les monuments d'origine Romaine ce qu'il avait fait déjà pour les monuments Arabes, et fut envoyé en Tunisie où M. l'Inspecteur général Boeswillwald et lui pénétrèrent des premiers à la suite de notre armée. Mais sa fin prématurée ne lui permit malheureusement pas de mettre en ordre les intéressants documents recueillis par lui pendant ce voyage, duquel il avait rapporté de très habiles croquis dont l'exécution rapide n'exclut ni l'exactitude ni la finesse.

Aussi lorsqu'en 1880 fut créé le poste d'architecte en chef des Monuments historiques de l'Algérie, E. Duthoit se trouvait-il tout désigné pour l'occuper. Aidé par ses élèves qui se faisaient un plaisir de l'accom-

pagner en Afrique et de faire sous ses yeux
et sur le terrain l'application des excellentes
méthodes de travail auxquelles ses missions
précédentes l'avaient si bien initié, on le
vit aller de la frontière du Maroc à celle de
la Tunisie, restaurant simultanément les
monuments arabes de Tlemcen et faisant
sortir de l'épaisse couche de terre qui
les recouvre les ruines Romaines du
département de Constantine. Dans les
derniers temps de sa vie, les fouilles
qu'il opérait sur l'emplacement de la ville
antique de Thamugas dans ce département
l'avaient absolument passionné. En moins
de quatre ans il avait mis à jour un forum
complet avec toutes ses dépendances, un
théâtre, un marché, des voies publiques
nombreuses et avait enrichi l'épigraphie
Romaine de très précieux documents (1).

(1) Dans son Numéro du 15 février 1890 le *Magasin*

Ce que de tels voyages lui occasion-
naient de fatigues on peut se le figurer sans
peine, mais ce qu'il est difficile de soup-
çonner ce sont les complications sans nombre que présentait l'exécution de ces travaux
dans une contrée neuve encore, mal pour-
vue de voies de communication, et sans
autre aide que celle des indigènes ou des
éléments très douteux que lui fournissait la
population flottante du pays. Dans le rapport qu'il adressa au Ministre des Beaux-
Arts à la suite de son premier voyage en
Algérie, lui-même a très bien décrit les dif-

---

pittoresque a publié différentes vues et un article sur les
fouilles de Timgad exécutées, dit l'auteur, sous la direction
de M. Sarrazin. Sans méconnaître la part prise par M.
Sarrazin, élève de M. Duthoit, à ce travail, nous pensons
qu'il eût été juste de rendre à ce dernier ce qui lui appar-
tient sans conteste, car c'est à lui, uniquement à lui, à
son initiative et à sa persévérance, que sont dûs les re-
marquables résultats de ces fouilles.

ficultés qu'on éprouve à se procurer même
une échelle et à la faire dresser à l'endroit
précis où l'on en a besoin, les méfiances
que suscitent ces opérations de la part de
la population musulmane, comme aussi les
entraves résultant de la brutalité du climat.

Au milieu de ces courses incessantes,
et dans l'intervalle de ses voyages, E. Duthoit trouvait encore le temps d'exécuter
d'importants travaux particuliers et des restaurations qui équivalent à des reconstruc-
tions ; outre celles que lui confiait le service
des Monuments historiques, nous devons
une mention spéciale à celle du château de
Roquetaillade, près de Bordeaux, restitu-
tion complète d'une habitation du XVme
siècle avec son mobilier. Pour celle-ci, suivant en cela l'exemple de son maître Viollet
Le Duc, Duthoit dessina lui-même tout le
détail de l'ameublement et de l'ornementation. La chapelle notamment, plus ancienne

que le reste du château et reconstruite en style du XIIe siècle, lui fournit l'occasion d'une décoration peinte extrêmement originale dans laquelle il fit une très heureuse application des documents rapportés par lui de Sicile qu'il combina fort adroitement avec ceux que lui fournissaient ses études sur l'art arabe. Cette décoration fut très goûtée et surprit beaucoup les personnes à qui il a été donné de la voir ; les suppositions les plus diverses ont été faites sur l'origine des éléments qui la composent, et seul un archéologue de beaucoup de tact et d'érudition, M. F. de Verneilh, a soupçonné qu'elle était inspirée par les monuments siciliens.

La construction du château d'Arragori, près d'Hendaye, sur la frontière espagnole, dans lequel un observatoire d'astronomie, accolé à l'habitation, a nécessité des dispositions toutes particulières vint encore démontrer la souplesse du talent de E. Duthoit comme architecte et décorateur. Malheureusement toutes ces restaurations, toutes ces décorations et bien d'autres encore exécutées dans des habitations privées sont difficilement accessibles au public duquel elles demeurent forcément ignorées.

La monotonie et la froideur de nos édifices et de nos habitations modernes répugnaient à la nature d'artiste et de coloriste de Duthoit, il était vivement préoccupé de l'effet que l'on pouvait tirer de la peinture appliquée à leur ornementation et comprenait cette décoration peinte d'une manière toute spéciale. Repoussant les tons fades et éteints, si fréquemment employés aujourd'hui, il n'hésitait pas à se servir de couleurs franches, atténuées dans les fonds, éclatantes au contraire dans les bordures et les motifs principaux. A défaut des décorations difficilement visibles pour le public dont nous parlions précédemment, nous conseillons à ses concitoyens de voir les quelques rares applications qu'il a pu faire de ces principes en Picardie : la chapelle des catéchismes de l'Eglise Saint-Jacques à Amiens et l'Eglise de Rue (Somme).

Ses aptitudes de décorateur étaient étonnantes et sa facilité telle qu'au début de sa carrière il avait désiré se livrer à la décoration de théâtre ; il fallut pour entraver cette vocation naissante toute l'autorité de M. Viollet Le Duc qui exigea qu'il étudiât préalablement l'architecture, considérant à juste titre ses principes comme indispensables à un décorateur. Il fit entrevoir ce qu'on pouvait attendre de son talent lorsque lui échut la tâche ingrate de restaurer l'église Notre-Dame de Boulogne-sur-Mer. Chargé de remanier certaines parties de cet édifice et de les décorer, il sut tirer de cette incohérente bâtisse un parti inespéré, donner des proportions à une architecture qui en manque totalement et produire enfin les arrangements très réussis des chapelles de la Vierge, de Saint-Joseph et du Sacré-Cœur, et surtout le tombeau de Mgr Haffreingue, fondateur de l'Eglise.

Ces divers travaux n'étaient cependant que secondaires, et si nous nous y arrêtons c'est moins parce qu'ils prouvent la facilité et le goût de l'artiste que parcequ'ils mettent en lumière des qualités qui ne se rencontrent pas chez tous au même degré : nous voulons parler de la largeur de ses vues en fait d'art et de la sévère économie qu'il imposait dans les travaux qu'il dirigeait.

Suivant en cela l'exemple de son père, il savait plier son talent à toutes les circonstances et dans les nombreuses restaurations dont il a été chargé, il respectait scrupuleusement le caractère de l'édifice, ne se permettant pas d'y ajouter quoique ce soit qui ne fût strictement dans l'esprit de l'époque à laquelle il avait été bâti. Il entrait lui-même dans les plus menus détails, multipliant les dessins pour arriver à faire comprendre son idée, préparant la besogne et la simplifiant à tel point que toute recherche était évitée à ses collaborateurs qui n'avaient plus qu'à veiller à l'exécution de ses volontés. C'est en se prodiguant ainsi qu'il arrivait à supprimer l'intermédiaire d'auxiliaires coûteux et de cette suite d'artistes, décorateurs, sculpteurs et peintres sur lesquels tant d'autres se reposent du soin d'assurer la réalisation de leurs conceptions.

Mais à un tel métier il se dépensait sans compter, et sans cependant qu'aucun de ses travaux lui eût jusqu'ici permis de mettre en évidence ses brillantes facultés, lorsqu'une occasion se présenta de les déployer sans contrainte et de produire une œuvre d'ensemble dans la reconstruction de l'église Notre-Dame de Brebières, à Albert.

But d'un pèlerinage très fréquenté dans le Nord de la France, la ville d'Albert ne possédait qu'une église sans nulle valeur artistique et absolument insuffisante à contenir les foules qu'y amène le pèlerinage ; aussi le premier des soucis de M. l'abbé Godin, lors de sa nomination au doyenné d'Albert, fut-il de doter sa paroisse d'un édifice en rapport avec sa destination. Connaissant de longue date M. Duthoit, sachant le fond qu'il pouvait faire sur son talent, le nouveau doyen alla le trouver, lui exposa ses désirs et le pria de commencer de suite ses études. On convint que la disposition à adopter serait celle des basiliques romaines et, sur ces données, l'architecte se mit à la besogne.

Il est superflu de décrire une œuvre aujourd'hui en voie d'achèvement et que cha-

cun peut voir ; mais il n'est pas inutile de
faire remarquer que l'édifice tout entier
étant conçu et construit en vue d'une décoration très brillante et très colorée, on
devra attendre pour le juger l'exécution
(commencée d'ailleurs) de cette décoration.

L'étrangeté des formes de la nouvelle
église, la nouveauté de l'ornementation
ont tout d'abord quelque peu surpris le public, voire même les artistes, et ont donné
cours à bien des suppositions sur les sources
auxquelles l'architecte avait puisé son ins-
piration. Plus que qui que soit, lui-même
pouvait satisfaire cette légitime curiosité,
et nous ne pouvons mieux faire que de
reproduire ici une note de sa main écrite
dans les derniers temps de sa vie :

« Après avoir été élevé et avoir étudié
« dans un milieu passionné pour le Moyen-
« Age » dit-il « j'ai été entraîné à aller
« analyser l'architecture romaine en Italie,

« l'architecture grecque à Athènes, dans
« les îles de l'Archipel, en Asie-Mineure.
« Les îles de Chypre et de Rhodes et la
« Palestine m'ont montré à peu près tout
« ce qui reste des monuments phéniciens.
« Je n'ai fait que toucher en Egypte, mais
« la Syrie, Constantinople, la Sicile et le
« sud de l'Italie et enfin l'Algérie et la
« Tunisie m'ont permis d'étudier l'art chré-
« tien dans ses premières manifestations.
« Depuis Constantinople jusqu'en Espagne
« tout le long des côtes de la Méditerranée
« j'ai dessiné ou tout au moins visité un
« nombre incalculable d'édifices arabes ou
« d'un art dérivant de ce dernier. »

« Qui a beaucoup vu doit avoir beau-
« coup retenu, c'est mon fait. Toutes
« ces formes flottent en ma mémoire et
« je ne puis en faire abstraction ; que je
« le veuille ou non, mon arabe sent le
« gothique et mon gothique a un

« arrière goût d'arabe ou de byzantin. »

« L'architecture de l'église d'Albert doit
« se ressentir de tout cela, elle est la syn-
« thèse de ce que j'ai vu. Quant aux détails
« en cherchant bien vous les retrouverez
« tous quelque part. Mon clocher est un
« minaret de Tlemcen ou de Séville ; sur
« les palais, au sommet des tours de Sienne
« ou de Florence, on voit des corniches à
« consoles qui ressemblent terriblement
« (à distance) aux corniches de la nouvelle
« église ; celles des absides avec leurs demi-
« coupoles et leurs corbeaux sont origi-
« naires de la Syrie centrale ; la claire-
« voie supérieure se rencontre dans toutes
« les basiliques de Syrie, d'Italie, de Sicile
« et de Corse. Les grands arcs en fer à
« cheval qui séparent les bas côtés de la nef
« principale sont empruntés à la grande
« mosquée de Tlemcen ; la grande mosquée
« de Kairouan m'a fourni la disposition des

« tailloirs des chapiteaux ; mon portail
« rappellera les dispositions que j'ai admi-
« rées à la mosquée de Tunis. Enfin je serais
« heureux qu'en regardant la décoration de
« l'abside le touriste pensât à celle de
« l'Eglise de Monréal, près de Palerme. Je
« ne puis donner un nom à ce mélange,
« tous les éléments qui le composent sont
« bons ; puisse leur combinaison n'être pas
« désagréable aux visiteurs. »

Non, certes la combinaison n'est pas désagréable ; mais si la nomenclature est
exacte, l'auteur a omis d'ajouter que pour
manier ces éléments d'origines si diverses,
les coordonner et sourtout les harmoniser,
il fallait une sûreté de coup d'œil, un goût
et une érudition hors de pair.

Nous venons de montrer ce qu'était l'artiste, l'homme ne lui était pas inférieur.

Sous des dehors réservés se cachait une
nature généreuse, et les apparences parfois

rudes dont elle s'enveloppait lui servaient
à masquer une certaine timidité naturelle et
une sensibilité très développée. Exigeant
envers lui-même, n'étant jamais satisfait de
ce qu'il produisait, décourageant bien souvent son entourage par le degré de perfec-
tion qu'il imposait aux ouvrages sortant de
chez lui, il devenait d'une indulgence pa-
ternelle lorsqu'il s'agissait des œuvres de
ses confrères ; il réfutait vivement les criti-
ques qu'on en faisait devant lui, inventait
des circonstances atténuantes, et répétait
que le rôle de l'architecte ne consistait trop
souvent qu'à réparer les maladresses de ses
collaborateurs. Travailleur infatigable,
s'isolant entièrement des bruits du dehors,
il ne sortait guère de chez lui que pour va-
quer à ses travaux, sans souci du préjudice
que cette vie sédentaire et que ce perpétuel
surmenage causaient à sa santé, sans souci
non plus du silence qu'il laissait se faire

autour de son nom. Ayant depuis bien des années renoncé à prendre part aux Salons annuels, il fallut les instances réitérées de ses amis pour le décider à envoyer à l'exposition universelle de 1878 le résultat de ses recherches en Algérie, et encore, en se prêtant à ce désir, fut-il guidé bien plus par l'espérance d'attirer l'attention sur ces monuments méconnus, que par l'appat d'une récompense qui cependant ne lui fit pas défaut, car une médaille d'or fut attribuée à l'ensemble de son exposition.

Dédaigneux des succès bruyants et des moyens par lesquels on se les procure, il n'avait pour préoccupation constante que de faire bien, ne voulait arriver que par son seul mérite et considérait comme des intrigues les démarches les plus innocentes. L'heure tardive à laquelle lui vint la décoration de la Légion d'honneur, ni les misérables jalousies qui la lui firent si longtemps attendre ne purent le faire dévier de sa ligne de conduite.

Cependant cette vie toute de labeurs avait fini par forcer l'attention publique ; les plus grandes familles tenaient à honneur de s'entourer des conseils d'Edmond Duthoit, ses travaux et ses recherches en Algérie éveillaient l'intérêt des savants, la réputation venait d'elle-même à celui qui lui faisait si peu d'avances.

Brusquement, au moment où il allait recueillir le fruit de ses longues et patientes études, se déclarait l'implacable maladie qui devait l'emporter, et elle se présentait sous une forme telle qu'elle ne laissait plus d'espoir à ses amis. Poursuivant les études de l'église d'Albert avec un redoublement de passion, comme s'il eût eu le pressentiment de sa fin prochaine, E. Duthoit a pu laisser des dessins assez précis et assez complets pour assurer l'unité de son œuvre, et ne léguer à son successeur que le soin d'en assurer la stricte exécution. Puis, comme épuisé par ce dernier effort il s'alita, et après quelques alternatives de mieux qui ranimèrent un instant l'espérance des siens, il s'éteignit le 10 juin 1889.

Comme l'a dit une voie amie au lendemain de sa perte, la mort n'emporte pas tout d'une telle existence, elle laisse derrière elle une trace lumineuse, elle laisse avant tout le souvenir d'une vie irréprochable et à ses enfants le plus noble des exemples (1).

---

(1) Dans le grand salon du Musée de Picardie qui vient d'être livré au public, sont placés les médaillons des principaux artistes picards ; à ce titre Edmond Duthoit était digne de figurer parmi eux; on doit remercier de cet hommage l'administration qui a présidé au choix de ces noms.

*Imprimé à **200** exemplaires
numérotés par*

Yvert et Tellier

A AMIENS

Juin 1890.

N^o